Философия Запада

Шива Мехта

Western Philosophy:
Russian Edition

Шям Мехта, Центр Любящего Сердца, www.lovingheartcentre.net

Шям Мехта, 1952 – 2039
Western Philosophy: Russian Edition
Философия Запада

Объем 1$, Собрание Центра Любящего Сердца

ISBN: 978-1-4092-9213-5

Электронная почта:
love@lovingheartcentre.net

Наш адрес в Интернет:
www.lovingheartcentre.net

Мои работы

Мною были написаны следующие 21 книга:

«Руководство мужчины по достижению любви и счастья» («A Man's Guide to Developing Love and Happiness»),
ISBN: 1-4121-5210-0
И мужчинам, и женщинам я показываю, что у них может быть более приятная, счастливая жизнь, гораздо спокойнее, чем вы можете себе представить.

«Будущий мир» («Future World»)
Каков здравый взгляд на основные факторы, которые будут воздействовать на вас в течение следующих 20 лет?

«Бог» («God»)
Пророчества. Решать вам.

«Набор для самоанализа человека» («Human Being Self Analysis Kit»),
ISBN: 1-4121-5380-8
Действительно, а насколько хорошо работают ваши половые органы, тело, эмоциональный центр и ум?

«Индийский брак» («Indian Marriage»), ISBN: 1-4121-5321-2
Как можно создать многолетний счастливый брачный союз?

«Индийская философия и религия» («Indian Philosophy and Religion»),
ISBN: 1-4121-5211-9
Индийская философия помогает выполнить ваше предназначение в жизни.

«Люди без одежды»(«People with no Clothes»), ISBN: 1-4121-5365-4
Почему город Бангалор в Индии существовал 50.000 лет назад? По сколько детей было в семьях? Где можно увидеть людей без одежды сегодня?

«Совершенствование своей сферы эмоциональной энергии» («Perfecting Your Emotional Energy Sphere»),
ISBN: 5-8238-0838-0
Вам необходимо удалить лежащую в корне первопричину – одну эмоциональную болезнь, которая губительно действует на вас.

«Совершенствование своей сферы любовной энергии» («Perfecting Your Love Energy Sphere»),
ISBN: 1-4121-5169-4
Вам нужно искать любовь. В наш век она не падает с неба манной. Это требует усилий и времени.

«Совершенствование своей сферы умственной энергии» («Perfecting Your Mental Energy Sphere»),
ISBN: 5-8238-0836-4
Идеально совершенный ум может принимать нужную вам информацию, бэспристрастно её анализировать и, затем, принимать решение.

«Совершенствование своей сферы физической энергии» («Perfecting Your Physical Energy Sphere»),
ISBN: 1-4121-5167-8
В хорошей ли спортивной форме ваше тело, сильное ли оно, здоровое пи? Довольны ли вы его состоянием?

«Совершенствование своей сферы сексуальной энергии» («Perfecting Your Sexual Energy Sphere»),
ISBN: 1-4121-5163-5
Ваша потребность в активной сексуальной жизни со своим супружеским партнёром. Что сделать, чтобы достичь её удовлетворения?

«Наука» («Science»),
ISBN: 1-4121-5235-6
Новые науки, предназначенные в помощь Миру.

Шям Мехта, Центр Любящего Сердца, www.lovingheartcentre.net

«Духовное и божественное путешествие» («Spiritual and Religious Journey»),
ISBN: 1-4121-5206-2
Все ваши энергетические сферы должны быть удовлетворены. Начать нужно с
сексуальной энергии.
«108 голов мудрого Патанджали» («The 108 Heads of Lord Patanjali»),
ISBN: 1-4121-5160-0
Применяя простую математическую логику, я показываю, что «Сутры йоги» представляют
собой ловушку для учёных.
«Восемь священных писаний Индии» («The Eight Sacred Texts of India»),
ISBN: 1-4121-5162-7
Я показываю, что они были тщательно составлены, с намерением впечатлить персидских
правителей и влиять на них.
«История мира» («The History of the World»), ISBN: 1-4121-5166-X
С самого начала существует единственная причина существования всей истории
Вселенной, от её начала до самого конца.
«Западная философия» («Western Philosophy»), ISBN: 1-4121-5207-0
Я делаю итоговые выводы о том, что это такое.
«Что следует знать мужчинам о христианских женщинах» («What Men Should Know about
Christian Women»), ISBN: 1-4121-5450-2
Два типа женщин. Обоим нужна любовь. Эта книга показывает, как любить одну из них.
«Йога» («Yoga»), ISBN: 1-4121-5161-9
Занятия йогой, дыханием по методам йоги, медитации несут много пагубных эффектов.
«Ваша сущность и ум» («Your Self and Mind»), ISBN: 1-4121-5208-9
Сегодня и ваше «Я» и ваш ум работают неправильно. Я объясняю, как можно себе помочь.

Более подробно об этих книгах можно узнать на моей вэб-странице:
www.lovingheartcentre.net/Books.htm

Книги выпускаются международным издательством «eBooksLib».

Англоязычные версии моих книг можно приобрести через онлайновые книжные магазины.
Книги также доступны на следующих языках: арабском, бенгалец, французском, гуджерати,
немецком, хинди, итальянском, маратхи, португальском, испанском, тамил, телугу и урду.

Многие из моих картин можно посмотреть на моей вэб-странице:
www.lovingheartcentre.net/MyPaintings.htm.

Я написал также много статей для развития понимания экономики и финансов, среди
которых:

«Экономика» («Economics»), которая разбивает саму основу всей западной экономической
науки и предлагает вместо неё разумную теорию.

«Стоимость акции» («The Value of a Share»), которая объясняет, как можно оценить
финансовые или другие средства и показывает, что это нельзя сделать, применяя
современная науку о финансах.

«Цена раздраженности» (The Price of Annoyance»), которая объясняет, что происходит в
окружающем вас мире.

«Справедливая стоимость пенсии» («Fair Value of a Pension»), которая показывает, сколько
стоит ваша пенсия.

«Цена женщины» («The Price of a Woman»), которая поясняет, сколько им нужно платить за
секс и отсутствие ссор.

Предисловие

Для того, чтобы понять основы любой западной науки, необходимо использовать простые правила логики. По обыкновению, ученые используют длинные слова, которые не импользуются в повседневной речи, и еще более длинные книги и поэтому хоронят любую работу, которую они делают (если они ее делают) во тьме, мистике и благоговении.

Вы наверное знаете, что все физики принимают следующее определение количества совершённой работы: сила, умноженная на расстояние. Подобно мне, ученые не очень усердно работают и поэтому трудно определить, какую работу они проделывают по причине ее отсутствия. В случае западной философии, я показываю в этой книге, что пройденное расстояние было велико, хотя конечный пункт, где она находится сейчас, по сравнению с тем, где она началась в Индии 2500 лет назад обширен и имеет отрицательное значение.

Я показываю также, что то, где она находится сейчас, говорит, что философия эта вообще не прошла никакого расстояния с того времени, когда она пришла в Грэцию из Индии. Количество совершённой работы: 1) отрицательно; 2) сделано 2500 лет тому назад. Вопрос силы я широко рассматриваю в своей книге «История мира» и здесь его далее не комментирую.

Процесс мышления и философии очень прост. Вы начинаете с каких-либо предположений, анализируете их и, затем, приходите к каким-то выводам.

В случае западных философов, однако, мы имеем дело с длинными книгами. . Аргументы трудны для понимания и предположения никогда четко не высказываются. Сами авторы не знают, каковы их заключения, не говоря уже о чём-либо другом. Все, что они знают, - это то, что они должны что-то написать, для того чтобы получить продвижение по службе.

Но два выдающихся философа выделяются из толпы. Это Сократ и Платон.

В этой книге работы этих двух господ рассматриваются особенно тщательно и делается вывод, -и вы этому не удивитесь - что они не внесли ничего ценного.

В действительности получается, что эти двое вовсе не были философами. Это-то и интересно. В их случае, у них просто была своя точка зрения, и они ее высказали. Так же, как это сделал бы любой другой человек. В том, что они сделали, не было ни работы, ни анализа. Только слова.

Изменения в западной философии за 2500 лет

Западные философы пишут на относительно ограниченное количество тем, таких как "Существуете ли Вы?», «Есть ли Бог?» и «Есть ли такое понятие как этичное поведение». На самом деле, два человека излагали эти темы около 2500 лет тому назад.

Ответы на эти вопросы - либо да, либо нет. Чтобы сказать Вам это не нужна нечитаемая книга объёмом в 500 страниц.

Поскольку они пишут так много, философы теряют связь со своим анализом и не упоминают о сделанных допущениях. Если бы они так делали, честный рецензент прокомментировал бы такого теоретического автора примерно так:

"Этот философ проделал замечательную работу.
Он делает предположение, что он существует.
Потом он проводит некоторый анализ, отталкиваясь от этого предположения.

На основе этого предположения он приходит к правильному выводу, что он существует."

Это все, что составляет "современную" философию: повторное утверждение не сделанных предположений по темам, на которые философы не знают ответов. Это есть пустая трата времени. Изменений во взглядах, выводах («да» или «нет») и совершённой работе не было на протяжении 2500 лет.

Теперь давайте рассмотрим некоторые конкретные философские вопросы, которые развивали умы лучших мыслителей современности.

Честь и хвала Сократу

Заслуга Сократа в том, что он признал ценность проделанной работы в западной философии и, как сейчас оказалось, не написал ни единой философской работы. Платон был другим признанным великим философом Запада. Целые работы Платона повящены вопросу:

Являются ли вещи от природы красивыми и доставляющими удовольствие?

Он этого не знал.

Вот что говорит Бертранд Рассел об определенности:

"Этот мир - не тот, в котором определеность возможна.
Если Вы думаете, что Вы достигли определенности, Вы пости наверняка ошибаетесь, это одно из немногого, в чём Вы можете быть уверены".

Прочитайте это несколько раз, чтобы убедиться, что Вы понимаете, что он не уверен, возможна определенность или нет. Теперь подумайте, сколько других книг он написал, не будучи уверенным в том, что излагает, не говоря уже о теме, на которую он писал.
Рассел - один из самых известных философов Запада, достаточно хороший, чтобы Гиессенский университет отобрал его для отдельного упоминания на своем веб сайте о философии. Именно он поставил другое великое индийское изобретение, но бесполезное занятие - математическое рассуждение - на твердую математическую основу.

Шям Мехта

Центр Любящего Сердца

www.lovingheartcentre.net

4 11 2005

Шям Мехта, Центр Любящего Сердца, www.lovingheartcentre.net

Содержание

Шям Мехта, Центр Любящего Сердца, www.lovingheartcentre.net

Введение

Западная философия существует около 2500 лет. Этот период не случайно такой же,- немного короче, - чем у индийской философии.

Индийская философия привела к огромным изменениям в мире:
• Йогой занимаются миллионы людей во всех или почти во всех странах мира.
• Ганди помнят во всем мире за его веру в не применение насилия (и за обращение к десяткам тысяч индийцев, кроме себя самого, встать, не двигаться и быть застрелянным англичанами).
• По вполне понятной причине во всем мире люди интересуются Индией и ее культурой.
• Например, народы Китая, Кореи и Японии были обращены в буддизм.
• Буддистская философия также захватила воображение многих людей.
• Индусская философия все больше распространяется на земном шаре не только среди индийцев, а и, например, с почитателями Кришны.
• Платон, западный философ, позаимствовал свои взгляды из индийской философии.

В своей книге "История мира" я доказываю, что каждая из шести основных индийских философий:
1. Ньяя (логика)
2. Уттара Мимамса (Веданта)
3. Буддизм (человек не существует как таковой).
4. Санкхья (я есть Бог)
5. Адваита (аскетизм)
6. Пурва Мимамса (материализм)

содержала разумное зерно в основе развития шести "великих" цивилизаций современномти: персидской, греческой, буддистской, римской, христианской и американской. Я также утверждаю, что следующая фаза развития мира после упадка Америки будет основана на философии йоги. Йогическая философия - седьмая из восьми великих индийских философий.

Естественно, возникает вопрос: чего достигла западная философия? Ответ таков:
• Ничего, кроме огромной потери деревьев.

Это немного жестоко. Действительно, Вам стоит посмотреть вокруг себя, на четыре бетонные стены, в которых Вы заключены, и понять, что она достигла очень многого. Температура поднимается (глобальное потепление), пустыни расширяются (из-за деревьев, потраченных на философию), и уровень воды в океанах поднимается (полярные шапки льда тают), Скоро не останется нефти – этого страшного продукта. На протяжении последних 2500 лет идёт огромный регресс, отвечающий огромной разрушительной силе персов 2500 л5т тому назад (Персидская империя) и избиение Индии ею на протяжении 2500 лет.

Что касается индийской философии, то её позиции укрепляются. Многие люди по всему миру знают о ней что-то, пусть даже и не очень много.

Что следует знать о восьмой великой индийской философии?
• Она о любви.

Что необходимо знать о философии Запада?
• В этой книге я показываю, что нет ничего полезного, что следовало бы знать о западной философии.

Шям Мехта, Центр Любящего Сердца, www.lovingheartcentre.net

В отличие от большинства философов я математик. я не пишу огромные тома. Эта книга не длинна. Она не содержит много длинных слов, не содержит даже просто много слов.

Она содержит мудрость. Она содержит некоторые понятия, которые на первый взгляд кажутся лишними. Например, список философов. Но, с моей точки зрения, следующие три страницы очень важны в этой книге. Она дает читателям небольшое представление о больших усилиях, необычайной сосредоточенности и о деньгах, потраченных на предмет, который не приносит никому никакой возможной пользы.

Глава 1: Список философов

Вот они:

Абелард	Ерасмус	Рорты
Аддамс	Ератостенес	Росс
Адлер	Еригена	Рохаулт
Аер	Еулер	Роыце
Акуинас	Еуцлид	Руддик
Алберт Те Греат	Зено Оф Елеа	Руссеау
Ал-Газали	Зено Оф Цитиум	Русселл
Александер	Зермело	Рыле
Ал-Кинди	Ибн Габирол	Саадиах
Ал-Фараби	Ибн Дауд	Саинт-Симон
Анаксагорас	Ибн Рушд	Сеарле
Анаксимандер	Ибн Сина	Секстус Емпирицус
Анаксименес	Ингарден	Селларс
Анселм	Кант	Сенеца
Ансцомбе	Келсен	Сигер
Антистенес	Кемерлинг	Сидгвик
Антоны	Кеплер	Сингер
Аппиах	Кеынес	Скиннер
Аристиппус	Киеркегаард	Смарт
Аристотле	Ким	Смит
Армстронг	Кинг	Соджурнер Трут
Арнаулд	Крипке	Соцратес
Арров	Ксенофанес	Спенцер
Арчимедес	Ксенофон	Спиноза
Аугустине	Ксеноцратес	Стантон
Аустин	Куин Кристина	Стеварт
Баббаге	Куине	Стевенсон
Баес	Курт Баиер	Стравсон
Бакунин	Кухн	Суарез
Бачелард	Ла Меттрие	Сувре
Баыле	Лакатос	Сцотус
Бентам	Ламарк	Т. Нагел
Бергманн	Лангер	Талес
Беркелеы	Лаплаце	Тарски
Берлин	Леибниз	Таылор
Боетиус	Ленин	Тереса Оф Авила
Болзано	Лессинг	Тимон
Бонавентуре	Леуциппус	Толанд
Босанкют	Лехрер	Томас Море
Бохр	Лобачевскы	Томсон
Боыле	Ловеджоы	Тореау
Брадлеы	Локе	Трокы
Брентано	Лоренз	Туринг
Броад	Лоце	Феерабенд
Бруно	Лукасциевицз	Феигл
Буле	Лукацс	Фермат
Буридан	Луксембург	Феынман
Бурке	Луцретиус	Фибонаци
Бутлер	Маимонидес	Филмер

Ваисманн	Макиннон	Фило
Валла	Малебранче	Фицино
Вацон	Малтус	Фичте
Вебер	Мандевилле	Франсис Бацон
Веблен	Манделброт	Фреге
Венн	Мао Зедонг	Фреуд
Вест	Маркс	Фуллер
Висдом	Марсилиус Оф Паду	Фуриер
Виттгенстеин	Марцел	Фучер
Вицо	Марцус Аурелиус	Х.Х. Прице
Воллстонецрафт	Марцусе	Хаек
Волтаире	Мач	Хамилтон
Волфф	Мачиавелли	Хампшире
Вон Неуманн	Машам	Хараваы
Вхателы	Меад	Хардинг
Вхевелл	Меинонг	Харе
Галилео	Мендел	Харт
Гандхи	Менделссохн	Хартлеы
Гассенди	Мерсенне	Хартманн
Гаусс	Мидглеы	Хегел
Гаы	Минскы	Хеисенберг
Герсонидес	Монтаигне	Хелветиус
Геттиер	Монтескуиеу	Хелд
Геулинкс	Муре	Хемпел
Гиллиган	Невтон	Хенры Море
Гилман	Неурат	Херацлитус
Гланвилл	Ниецще	Херберт Оф Чербу
Годвин	Ницоле	Хилберт
Годел	Ноддингс	Хиппиас
Голдман	Нозик	Хоббес
Грамсци	Норрис	Хоппер
Грин	Нуссбаум	Хорнеы
Грице	Окхам	Хофстадтер
Гроссетесте	Паине	Хукс
Гротиус	Палеы	Хуме
Гудман	Парацелсус	Хуссерл
Давидсон	Парето	Хучесон
Д'Алемберт	Парменидес	Хыпатиа
Дарвин	Пасцал	Ц. И. Левис
Даы	Пеано	Ц.Е. Феюрбач
Дворкин	Пеирце	Цавендиш
Де Морган	Перры	Цаирд
Де Стаел	Петер Ломбард	Цантор
Девеы	Пицо Делла Миранд	Царнап
Дедекинд	Планк	Царнеадес
Демоцритус	Плато	Царролл
Деннетт	Плотинус	Цицеро
Десцартес	Поинцаре	Цларке
Дж. С. Милл	Поля	Цлиффорд
Джамес	Поппер	Цокбурн
Джамес Милл	Порфыры	Цомте
Джефферсон	Принцесс Елизабет	Цонваы
Джохн Аустин	Прице	Цондиллац

Джунг	Причард	Цоперницус
Дидерот	Протагорас	Цордемоы
Дилтеы	Прудхон	Цресцас
Диогенес	Путнам	Цудворт
Дубоис	Пуфендорф	Цумберланд
Думметт	Пыррхо	Цуса
Дуркхеим	Пытагорас	Чаррон
Духем	Равлс	Чишолм
Д'Холбач	Рамсеы	Чомскы
Е. Нагел	Рамус	Чрысиппус
Е.О. Вилсон	Ранд	Чурч
Еинстеин	Реган	Шафтесбуры
Екхарт	Регис	Щеллинг
Емерсон	Реид	Щиллер
Емпедоцлес	Реиченбач	Щлеиермачер
Енгелс	Риеманн	Щлик
Епицтетус	Ричие	Щопенхаюр
Епицурус	Рогер Бацон	Щродингер

Я взял этот список с Интернет-сайта http://www.philosophypages.com/dy/zt.htm.

Шям Мехта, Центр Любящего Сердца, www.lovingheartcentre.net

Глава 2: 10 лучших работ философов Запада

Вот 10 лучших философов Запада, согласно западному представлению о гиганте мысли:

1 "Республика Платона"
Платон, перевод Аллана Блума (Книга в мягкой обложке - сентябрь 1991)
2 Последние дни Сократа: Ютифрон; Извинения; Критон; Федон
Платон и другие
3 Полное собрание сочинений Аристотеля, том 1
Аристотель, под редакцией Дж. Барнеса (Книга в твердом переплете - 1995)
4 Полное собрание сочинений Аристотеля, том 2
Аристотель, под редакцией Дж. Барнеса (Книга в твердом переплете)
5 Рассуждения о методе, размышления о первой философии и
Рене Декарт, перевод Джона Вейча (Книга в мягкой обложке)
6 Проблема человеческого понимания (Философские работы Оксвордского университета)
Давид Хьюм под редакцией Тома Л. Бошампа (Книга в мягкой обложке - май 1999)
7 Проблема моральных принципов (Философские работы Оксвордского университета)
Давид Хьюм под редакцией Тома Л. Бошампа (Книга в мягкой обложке - июнь 1998)
8 Критика чистого разума
Иммануил Кант и другие (Книга в мягкой обложке - февраль 1999)
9 Кант: Критика практического разума (Работы по истории философии Кембриджского университета).
Иммануил Кант и другие (Книга в мягкой обложке)
10 Критика суждений (Великие книги по философии)
Иммануил Кант, перевод Дж. Х. Бернарда (Книга в мягкой обложке - ноябрь 2000)
11 Кант: Метафизика морали (Работы по истории философии Кембриджского университета).
Иммануил Кант и другие (Книга в мягкой обложке)
12 Портативный Ницше
под редакцией Фридриха Ницше, перевод Вальтера Кауфманна (Книга в мягкой обложке)
13 Главные работы Ницше
Фридрих Ницше и другие (Книга в мягкой обложке)
14 Путеводитель по работам Маркса-Энгельса
под редакцией Карла Маркса и других (Книга в мягкой обложке - февраль 1978)
15 Основы арифметики : логико-математический вопрос понятия числа
Готтлоб Фредж, перевод Дж. Л. Остина (Книга в мягкой обложке)
16 Предположения и опровержения: Рост научного знания
Карл Р. Поппер (Книга в мягкой обложке - апрель 1992)
17 Открытое общество и его враги (Том 1)
Карл Раймунд Поппер (Книга в мягкой обложке)
18 Открытое общество и его враги (Том 2)
Карл Раймунд Поппер (Книга в мягкой обложке)
19 Бедность историзма
Карл Раймунд Поппер
20 Логика научного открытия
Карл Р. Поппер
21 Теория коммуникативного действия, том 1 : Разум и рационализация общества (Теория коммуникативного действия, том 1)
Джурген Хабермас (Книга в мягкой обложке)
22 Теория коммуникативного действия, том 2 : Жизненное слово и система Критика функционального рассудка
Джурген Хабермас, перевод Томаса МкКарти (Книга в мягкой обложке)
23 Между фактами и нормами: статья обсуждения «Теории законодательства и

Шям Мехта, Центр Любящего Сердца, www.lovingheartcentre.net

| демократия» (Исследования современной немецкой общественной мысли) |
| Джурген Хабермас, перевод Вильяма Рега (Книга в мягкой обложке) |

Не ясно, как был составлен рейтинг.

Он мог быть составлен по:
• Средней оценке покупателей (количество звездочек, от одной до пяти).
• Количеству рецензий
• Номинальной цене
• Цене со скидкой (средняя скидка 35%)
• Экономии расходов(в среднем $7.34)
• Наличию (срочные доставки в течение 24 часов)
• Цене вторичного рынка

У читателя есть выбор, и на практике в помощь читателю на базе современных технологий созданы разнообразные полезные компьютерные программы.

По причинам коммерческой тайны я не упоминаю веб-сайт, на котором я нашел список 23 самых главных/дешёвых книг по западной философии.

В настоящее время, все сосредоточены на размере и ценности того, что можно получить за деньги.

Поэтому философы на протяжении последних 2500 лет увеличивали объем своих работ, чтобы они отвечали запросам потребителей.

Выживают только популярные философии. Какой студент философского факультета будет читать работы философа, о котором никто не хочет читать?

На практике спрос на книги по философии управляется маргинальным читателем. Как известно любому студенту факультета политологии, политическе партии выбирают политику, подходящую для маргинального избирателя, которого они хотят привлечь.

Таким образом, некоторые философы пишут, что X вызывает Y, принимая во внимание неудовлетворенные запросы людей, которые хотят знать, что X вызывает Y. Другие строят догадки, что существует больший спрос на теорию, что Y вызывает X и пробуют свои силы в ещё более длинных работах, которые доказывают это утверждение.

Сейчас некоторые из вас замечают, что люди не стремятся узнать, что является первопричиной чего: X вызывает Y или наоборот. Именно поэтому философы сейчас ограничены рамками академических учреждений и единственным вредом, который они могут нанести может быть обучение молодёжи одному из особенно бесполезных способов тратить свое время.

Глава 3: Основа философских умозрений

Как скажет любой математик, Ваш вывод всегда зависит от сделанных Вами допущений.

Если Вы умелый философ или математик, естественно будет предположить, что Ваши способности к логическому мышлению довольно хороши.

В случае математика это неплохое допущение (я математик). Но в случае философов это не так. Вы тонете в бумаге, в 500 страницах бумаги. Чем больше Вы пишете, тем больше Вы забываете и со временем Ваши способности к логике снижаются из-за их неправильного и недостаточного использования.

С течением времени становится все более и более очевидным, какие выводы следуют из каких допущений. Все, что Вам необходимо сделать - это прочитать две оригинальные работы (да) и решить для себя, какой вывод наиболее подходит для Вашего целевого рынка или Ваших предубеждений.

Позже мы вернемся к вопросу, какие именно две книги Вам необходимо прочитать, если Вы хотите узнать о двух противоположных выводах западной философии.

Шям Мехта, Центр Любящего Сердца, www.lovingheartcentre.net

Глава 4: Два противоположных взгляда

Конечно, я мог бы просто обобщить всё во фразе 'один философ говорит это, а другой говорит то", однако привожу эти взгляды как они есть (я привожу в табличной форме основные темы, которые рассматривают западные философы и их взгляды)

Бог	Существует	Не существует
Ценность религиозных воззрений и веры	Высокая	Низкая
Зло	Существует	Не существует
Человеческое знание	Существует	Не существует
Научное объяснение	Существует	Не существует
Восприятие	Существует	Не существует
Сознание	Существует	Не существует
Ум	Существует	Не существует
Мозг	Существует	Не существует
Машины	Существует	Не существует
Жизнь после смерти	Истина	Ложь
Детерминизм	Истина	Ложь
Этика	Существует	Не существует
Относительность	Существует	Не существует
Справедливость	Случается	Не случается

Это основные темы, которые обсуждаются философами Запада. Быстрый поиск по Интернету удовлетворит любого читателя на этот счёт.

Давайте возьмем один из этих вопросов и применим немного математики, в отличие от слов. Поскольку я пишу эту книгу, мне выбирать - 'сознание'.

Существует оно или нет. Это большой философский вопрос. В математике Вы всегда должны начинать с допущения. В этом природа математики, да и любой науки вообще. Фактически это так делаются все заключения, к которым приходит ум. Ум принимает данные (допущения), анализирует их (логика) и затем находит ответ (которым он затем запитывает себя самого).

В математике (а также, и в жизни вообще) лучший способ решать вопросы - это знать ответы на них. Спросите любого математика. Большая часть математической работы заключается в в построении анализа вопросов, ответы на которые Вы знаете, и затем его записи, чтобы Ваш тезис одобрили. Он показывает, что Вы сильны в математике. И как всегда, если Вы не верите мне, спросите любого математика (например, меня). Это люди, которые всегда знают ответы на любой вопрос, поскольку они обладают высокой способностью к логическому мышлению.

Таким образом, давайте предположим, что ответом является: «сознание существует». Философ, если он правильно анализирует, сгенерирует гипотезу, согласованную с ответом, что сознание существует. Например, где-то в книге из 500 страниц он будет утверждать, что 'Вы сознательное существо, спрятав это в длинном предложении на немецком языке".

Поскольку используется только логика, а это правила игры, так как это наука западная, он не может ввести конкретный внешний источник вроде "моя бабушка так говорила". Он гарантированно сделает где-то это допущение, даже если он похоронит его в длинном нечитабельном предложении. Он должен прятать свое предположение, пстому что иначе читатель заметит, что его книга состоит только из трех предложений - по одному на каждую обсуждаемую тему.

Даже если предположения одни и те же, один философ будет говорить в 500 страничном томе одно, а другой - другое.

Если брать математику, предположения (бесполезные) известны.Один из философов, которого я упомянул в этой книге, обнаружил их в 19 веке проведя ёмкий и сложный анализ. Поэтому математика – это наука, а философия - нет.

Глава 5: Два противоположных взгляда

Очевидно, для ответа на этот вопрос мы должны вернуться к нашему первоначальному прайс-листу лучших 10 книг и выбрать верхние 20%.

1. Республика Платона, Платон, перевод Аллана Блума (Книга в мягкой обложке - сентябрь 1991)
2. Последние дни Сократа : Ютифрон; Извинения; Критон; Федон, Платон и другие

С того времени не было больше ничего ценного, что написали философы Запада. Одни и те же допущения, один говорит одно, другой говорит другое.

В случае Платона и Сократа, читатель имеет конкретный выбор для выводов (один говорит это, а другой - то), хотя, как и в математике, на протяжении 2000 лет никто не изложил, каковы были их предположения.

Поскольку мы живем сейчас в последние дни Сократа, давайте рассмотрим Сократа, пока еще не поздно и у Вас нет другого выбора, кроме как поверить Платону.

Шям Мехта, Центр Любящего Сердца, www.lovingheartcentre.net

Глава 6: Сократ

Вот что говорят о Сократе "Философские страницы" http://www.philosophypages.com/ph/socr.htm:

"В своем применении критических суждений и неприменной верности правде, а также на живых примерах своей собственной жизни, Сократ - афинянин, живший в 5 столетии - установил стандарты для всей дальнейшей западной философии. Поскольку он не оставил собственного литературного наследия, нам приходиться полагаться на его современников, таких как Аристофан и Ксенофонт, чтобы узнать о его жизни и работе."

Таким образом теперь Вы знаете, что вся философия Запада основана на трех принципах::
• Использование критических суждений
• Неуклонная верность истине
• Использование живых примеров

Что бы мы не наели о Сократе – это, по крайней мере вторичное знание, которое зависит от того, общались ли современники Сократа с ним самим и знакомились ли они с его рпботой, если он что-то писал.

Сократ предположительно жил с 469 г. до н.э. до 399 г. до н.э.

Ксенофонт жил с 430 г. до н.э. до 35- г. до н.э.

Вот список всех известных работ Ксенофонта, взятый из энциклопедии философии, размещённой на вэб-странице http://www.iep.utm.edu/:

"Вот список работ Ксенофонта:
1 Анабасис, история экспедиции Кира-младшего и отступления греков, которые составляли часть его армии. Она состоит из семи книг. Касательно заголовка, Вы заметите, что под названием «Вперёд марш» (то есть внутрь страны с побережья Канаксы) содержится также намного более длинный рассказ об обратном марше вниз до Юксина.

Эта работа увековечила Ксенофонта. Это была первая работа, которая посзнакомила гркеов с некоторыми частями Персидской империи и показала слабость этой обширной монархии. Стычки отступающих греков со своими врагами и сражения с некоторыми варварскими племенами - вовсе не такие события, которые бы подняли работу до жанра военной истории.

2 «Элленика» состоит из семи книг и описывает 48 лет со времени окоччания Истории Туцидида до битвы при Мантинее.

3 «Киропедия», в восьми книгах, нечто вроде политического любовного романа, в основе которого лежит история Кира-старшего, основателя персидской монархии. Агесилаус – это восхваление Агесилауса II, короля Спарты, друга Ксенофонта.

5 «Гиппархикус» - трактат про обязанности командира конницы, который содержит военные предписания.

6 «Де Ре Эквестри» - трактат про лошадей; он не ограничивается искусством верховой езды, но также показывает, как избежать обмана, при покупке лошади, и как к тренировать лошадей.

7 «Кинегетикус» - трактат про охоту и разведение и тренировку охотничьих собак.

8 «Республика Лакедемон» - трактат про спартанские государства, и

9 «Атениенсиум» - про афинские государства.

10 «Де Вектигалибус» - трактат про доходы Афин - был написан с целью показать, как можно повысить гражданские доходы Афин.

11 «Записки о Сократе» в четырех книгах были написаны Ксенофонтом, чтобы защитить память о своем учителе против обвинений в ереси и в развращении афинской молодежи. Сократ представлен в серии диалогов, в которых он разрабатывает и прививает свои моральные доктрины. Это абмолютно полезная работа - такая, какую мы можем ожидать от практичного Ксенофона, и она преподносит Сократа в его учении.

12 «Извинение Сократа» - короткая речь, содержащая причины, которые склонили Сократа предпочесть смерть жизни.

13 «Симпозиум , или Банкет философов» обрисовывает характер Сократа. Ораторы будто бы встречаются в доме Каллиаса, богатого афинянина, на праздновании великой Панатенеи. Ораторами являются Сократ и другие люди. Возможно, что Платон написал свой Симпозиум позже, в некотором роде как коррективу.

14 «Хиеро» - это диалог между царем Хиеро и Симонидом, в котором царь говорит про опасности и трудности, присущие положению, когда тебя возвышают, и высшем счастье простого человека. Поэт, с другой стороны, перечисляет преимущества, которые дает власть, и средства, которые она предлагает для обязания и служения.

15 «Экономикус» (" Полное руководство к ведению хозяйства") - трактат в форме диалога между Сократом и Критобулом, в котором Сократ дает указания по ведению домашнего хозяйства и управлению имуществом".

Таким образом, "Философские страницы" признают, что их герой выдающегося критического ума не оставил собственных работ и что единственный человек, который говорил о Сократе, и о котором мы что-то знаем, также не оставил литературных следов (т.е. не оставил аналитических комментариев, кроме мимолётных ссылок вроде "это была поистине удивительная работа').

Я предоставлю читателю возможность решить, был ли глубочайший Сократа, если он когда-либо занимался философским анализом, правильно изображен человеком вроде Ксенофонта. Главная работа (или скорее речь) - конечно, это "Извинение Сократа", в которой он осознал, что его анализ, если он существовал, был ошибочным и пошел по почетному пути, а не признал поражение.

Сократу умер в возрасте 70 лет. Он понял ошибку своих исследований, если верить Ксенофонту, когда ему было 70 лет, а Ксенофонту 31.Поверите ли Вы, что Сократ, этот великий учёный, ничего не написал за свои 70 лет (ведь все философы, как известно, любят только писать, говорить и ничего больше), и что Ксенофонт находился бы при нём, если бы последний ничего не делал? Кто будет лишать себя жизни в возрасте 70 лет из-за ошибки исследований, проводившихся в молодомти.

Сократ, знаменитый западный философ, не написал ничего в своей жизни, потому что он не был философом. Это все было придумано. Он был таким, как показано выше, -

моралистом, который имел сильные взгляды и любил поговорить. И для него не имело значения говорить ли о морали или экономике.

Его философское искусство, хотя и выше, чем современное, можно описать следующими строками:
«Я верю в смертную казнь. Поэтому Вы должны умереть.»
«Дешевле купить, чем арендовать, поэтому Вы должны купить.»

Исследования не было. Он знал, что должно случиться, и это высказывал.

Поэтому вэб-сайт Амазон прав. Из лучших западных философов он номер 2, а не номер 1 .

Профессор, который написал "Философские страницы" (смотрите выше) тоже был прав. Сократ со своей склонностью знать, что праввильно, и, затем, высказывания этого, задал стандарт для всей западной философской мысли.
• никакого критического рассуждения
• никакого обязательства говорить правду
• никакого использования примеров, чтобы помочь читателю понять ошибки в его анализе.

К счастью, мнение большинства приходит к тому, что Сократ не был философом. Это был миф, пропагандированный учеными, которые были увлечены греческой "культурой".

Дело в том, что если бы было обязательство говорить правду, правильно анализирующим философам, аплодировала бы другая сторона (в каждом обсуждаемом обычно вопросе присутствуют только две стороны), наподобие следующего:
«Итак, профессор такой-то изложил свои предположения, правильно их проанализировал, но его выводы противоположны моим, потому что у меня противоположное предположение».

Ну-ка, читатели, попробуйте найти мне профессора, который бы приложил к каой-нибудь из своих работ такое признание. Сократ сделал это, потому что, если Вы не производите анализ, то он не может быть неправильным по определению. Поэтому я утверждаю, что факты доказывают, что Сократ со своим единственным истинным почитателем был хорошим философом, даже если он не был философом по индийским стандартам.

Шям Мехта, Центр Любящего Сердца, www.lovingheartcentre.net

Глава 7: Взгляды Платона

Мы увидели, что западная философия – это не философия, а просто повторное утверждение начальных предположений длинным извилистым путем.

Но читатель может, тем не менее, заинтересоваться азглядами величайшего западного философа всех времен, Платона.

Для этого я обратился к великому американскому учреждению, Стенфордскому университету: http://plato.stanford.edu/ и их Стенфордской энциклопедии философии.

Для начала посмотрим, соглашаются ли они с вэб-сайтом Амазон и мной, что Платон был западным философом номер 1

"Немногие другие авторы в истории философии приближаются к нему по глубине и разнообразию,: возможно только Аристотель (который учился с ним), Аквин и Кант могут в основном считаться такого же порядка."

Да, у них свое мнение, а у вэб-сайта Амазон и меня - свое, но мы недалеко друг от друга. Он был минимум величайшим западным философом номер 2:

Каковы центральные доктрины Платона?

"Платона у многих людей ассоциируется с несколькими центральными доктринами, которые пропагандируются в его работах: Мир, который воспринимается нашими чувствами, в некотором роде несовершенен и полон ошибок, но есть более настоящий и совершенный мир, населенный сущностями (называемыми "формами" или "идеями"), которые вечны, неизменны и в каком-то смысле парадигматичны структуре и характеру нашего мира. Среди самых важных из этих абстрактных объектов (так они называются сейчас, поскольку они не находятся в пространстве или времени) доброта, красота, равенство, значительность, сходство, единство, существование, одинаковость, разница, изменение, и неизменность.

(Те, кто пишут о Платоне, эти термины — "доброта", "красота", и так далее — часто пишут с большой буквы для того чтобы привлечь внимание к их возвышенному статусу; так же как и понятия "Формы" и "Идеи") Главное различие Платон проводил между множеством наблюдаемых объектов, которые видятся красивыми (хорошими, справедливыми, едиными, равными, большими) и одним объектом, который являет собой то, что есть красота (доброта, правосудие, единство) на самом деле, от которого получают свои имена эти красивые (хорошие, справедливые, единые, равные, большие) понятия и свои соответствующие характеристики. Почти каждая значительная работа Платона некоторым образом посвящена или зависит от этого различения".

Все его работы (почти все, согласно этому профессору) посвящены рассуждениям о том, красиво что-то или нет.

Основная идея, которую. необходимо осознать - это то, что Платон не был философом в традиционном индийском смысле.

Он не рассуждал абстрактно на сложные темы вроде природы Бога, или из чего состоит Вселенная, или о цели жизни. Ни один из полезных выводов, которые я изложил в своей книге "Индийская философия и религия" не присутствовал в работе Платона.

Он просто оценивал, врождённо красивы или некрасивы объекты и затем утверждал это.

Он был Великий философ по западным меркам, поскольку его предположения совпадали с выводами, и посредине не было исследования, которое могло бы увести его в сторону.

Глава 8: Единственная философия Запада

В списке, приведенном в начале этой книги, Вы должно быть увидели знакомые имена. Самое знаменитое, очевидно - Маркс. Он немного начитался, создал несколько теорий и потом вследствие какой-то исторической случайности обрёл популярность. Миллиард людей по всему миру пострадал из-за его неправильных суждений, построенных на мнениях других людей. Если Вы почитаете его работы, поймете, что он не был философом. У него были некоторые идеи, которые он записал.

Маркс изобрел особый жаргон и поэтому люди принимают его за философа: внешне он выдвигал некоторые аргументы. На самом деле это не так. То, что Вы используете жаргон, не означает, что у Вас есть аргументы или убедительный очевидное утверждение, не требующее доказательства. То, что 1000 миллионов людей поверили Вам, не означает, что Вы были правы. Его глупые идеи привели к огромным, катастрофическим страданиями по всему миру. К нужде, пыткам, голоду, уничтожению множества жизней, все из-за его гордости.

Философия не безобидна. Она может бить. Она произвела огромное воздействие, огромные воздействия на весь мир. Но означает ли это, что стоит читать глупые идеи Маркса? Нет. Точно так же это справедливо и для всех других западных философов. К счастью для них, почти никто не читает их работы. Поэтому, например, количество вреда, который они наносят, значительно меньше, чем нанёс Маркс. Далее, в отличие от Маркса, они просто выплескивают то,что они уже усвоили от своих учителей и предыдущих философов. Поэтому читать об их работах даже еще менее полезно , чем читать Маркса.

Хорошо, поскольку эта книга о западной философии, а единственная оригинальная философия, которую создали западные философы - это коммунизм , я думаю, что мне стоит прокомментировать ее. У Маркса была теория, что мир несправедлив и что он и Вы должны что-то с этим сделать. О деталях Вы, вероятно, знаете: ссылки в Сибирь, принуждение фермеров продавать свою продукцию по цене ниже себестоимости, КГБ , массовый голод, перевоспитание всей китайской интеллигенции и так далее. Да, вероятно у Вас социалистсоке происхождение. Вы скажете: но ведь у него были добрые намерения. Некоторые из его утверждений звучали красиво. Пролетарии, восстаньте!

Мир существует для людей, Вас и меня, а не приятно звучащих заявлений. Марсу, в его лондонской башне цвета слоновой кости, хорошо было рассуждать, что было бы неплохо, чтобы это произошло. Но, поскольку у него не было философии, он не исследовал и не мог исследовать последствия ласкающих слух заявлений.

Философия требует предположения, логического анализа и заключения. Далее, она должна соответствовать фактам. Когда присутствуют все четыре составляющих, тогда она становится наукой. В случае Маркса, последний выдвигал некоторые предположения («в мире присутствует несправедливость») и некоторые из этих предположений соответствовали кажущимся фактам (в мире, кажется, есть несправедливость).

Индийская философия и религия не соглашается с тем, что в мире есть несправедливость: Она верит, что Бог справедлив. Если у Вас тяжелая жизнь, это потому, что Вы грешили в прошлой жизни. Но даже если Вы верите, что в мире есть несправедливость, это не делает работы Маркса философией. В его работе не было логического исследования , просто выражение взглядов на то, что должно быть сделано в отношении замеченной несправедливости.

Я считаю, что мы все воспитываемся в более или менее социалистической среде. Школы создаются в своем большинстве правительством. Определение 100- рпоцентного социалистического (Вы можете назвать его коммунистическим, имена не имеют значения) общества – это общество, в котором правительство осуществляет 100-процентное управление. Определение 0-процентного социаличтичского общества, для меня, - это общество без правительства.

Самый простой путь определить эти проценты - вычислить пропорцию экономики (экономический термин этому – «валовой внутренний продукт»), которая проходит через правительство. В США это около 40 процентов. Поэтому США на 40 процентов социалистическая страна. В Великобритании это немного больше, около 50 процентов. В бывшей советской империи это было около 90 процентов. В Китае сегодня это около 70 процентов.

Вы воспитываетесь в обществе, где Вы естественно учите общественные нормы. Учителя Вашей школы сообщают Вам мдею, что учителя хорошие, что школа хорошая, что школьная программа полезна. Вы допускаете, что полиция полезна, поскольку она существует. В следующей главе я рассматриваю противоположную точку зрения: западного либертарианства, истинной основы капитализма.

В 550 г. до н.э. в Англии не юыло римлян. Общество не было социалистическим. Социализм начался с персов и Персидской империи, начиная где-то с 550 г. до н.э. Карл Маркс не был оригинален в своем похвальном стремлении искоренить несправедливость у себя дома. Он не был основателем социализма. Вам необходимо винить в этом персов. Будучи общественно непригодной, его теории вызвали еще большую несправедложную. То же самое произошло и у персов, зачинателей Запада.

Глава 9: Другая западная философия

Когда я был моложе, я искал западную философию. И я нашел догму, которая называется либертарианством.

Эта догма не есть философия. Она начинается с допущения, что люди должны быть свободны: делать то, что они хотят, когда они хотят и так далее. Они должны быть свободны владеть имуществом и распоряжаться им, как пожелают. Это наполовину логическая основа капитализма. Она наполовину покрывает путь к первоначальной индийской философии материализма.

Я лично доволен таким допущением. Я не верю в рабство, как верили в него римляне и христиане. Я не верю в социализм и коммунизм и в допущение, что то, что мое, принадлежит государству или кому-то еще. Если оно мое, то оно "не должно" быть забрано у меня. Собирать налоги неправильно, если Вы принимаете принцип, что Вы Или я имеете права на собственность.

В действительности, права на собственность принадлежат Богу. Именно Он решает, сколько имущества или денег у Вас будет и сколько у Вас заберут. Мало смысла спорить с Ним и говорить: «по-моему, Вы должны были дать мне больше» или «пожалуйста, не давайте правительству США столько моих денег в налогах». Если Он решил, вполне возможно, что Он не собирается впоследствии передумать, только потому что Вы думаете, что Вы знаете лучше, чем Он то, сколько Вам нужно или не нужно, или сколько Вы заслуживаете.

Что можно сделать с догмой, благородства ради давайте назовёи её философией, которая начинается с приятного допущения, но допущения, не отвечающего фактам. Факт то, что есть полиция, что существует правительство США и правительство Франции, и что Бог существыует. Атеист Вы или верующий человек, с какой стороны ни смотри на это, Вы не свободны во всех отношениях. Вы можете быть свободны только в некоторых отношениях..

Так или иначе, предположим, что Вы были бы свободны. Либертарианство затем приводит и анализирует некоторые приятные последствия. Например, по поводу школы, оно показывает, что если Вы свободны посылать своего ребенка в лусшие школы, тогда на свободном рынке выживают лучшие школы, а худшие - нет.

Если Вы освобождаете себя от предубеждений, которые есть у Вас в результате жизни в социалистическом обществе и воспитания с верой в правительство, Вы узнаете, что много принципов свободного рынка, которые приводят к хорошим решениям без необходимости вмешательства правительства. Вам не нужна государственная полиция или государственная система правосудия или государственная транспортная сеть или дорожная система. Свободный рынок предлагает решения для всех этих проблем. И эти решения свободного рынка будут более эффективными, будут работать лучше, чем любое решение, которое зависит от социализма: большого братского правительства и государства, приказывающего, что должно быть сделано.

Вы следует прочесть о некоторых интересных исследованиях либертарианстве, проведенных большей частью в США и Великобритании, чтобы Вы поверили в свободный рынок, а не социализм . То, что Вы не читали о том, как свободный рынок может создавать хорошую систему справедливости, не означает, что Вы должны отвергать его.

Тем не менее, целью этой книги не является исследование достоинств и недостатков социализма и капитализма.

Именно это допущение, которое лежит в основе капитализма,: что люди должны быть свободны, следует подвергнуть сомнению. Я не говорю, что они не должны быть свободны. Я говорю, что природа человечества на Западе будет вмешиваться. Как только появляется какая-то свобода, или Вы, или Ваша мать, или Ваша жена, или правительство будут вмешиваться и ограничивать Вас в этой свободе.

Когда бы Вы не становились свободным, какой-нибудь социалист рано или поздно постарается остановить Вас в использовании этой свободы. Это может быть Ваша мать или чиновник в Брюсселе. Они найдут причину, почему они могут делать это лучше, чем Вы. Сейчас капиталист , свободный торговец, уверен наверняка, что бюрократы в Брюсселе не знают лучшего механизма домтавки товаров в Брюссель или на Багамы или куда-нибудь еще.

У меня есть определённые симпатии к положению свободного торговца. Со стороны, пока Вы не узнаете, как работают профессионалы, Вам может казаться, что они должны быть успешными, потому что они существуют, потому что они ходили в школу и что-то выучили,. На самом деле это не так.

Социалисты, конечно, считают, что они знают лучше Вас, и поэтому, Вас следует лишить свободы. Но процесс, в результате которого появляются 1000 страниц законов, лишающий Вас имущества или свободы, не совершенен. Его можно назвать политической махинацией. Это грызня адвокатов. Это голосование 50/50. Один социалист верит в это, а другой социалист верит в то. И они не знают, что хорошо для Вас, они не знают, что Вам нравится.

Факт в том, что социализм укоренен в западном мышлении. В действительности невозможно представить Западное общество без социализма. Если Вы живете на Западе, Вы будете подвергаться ударам со стороны людей, которые хотят лишить Вас Вашей свободы или Вашего имущества. Другое название социализму – это «вмешательство».

Просто предположим, как планировали некоторые либертарианцы, что они купили остров и ввели там полностью свободную рыночную экономику. Скорее раньше, чем позже, кто-нибудь из остального мира заметил бы, как хорошо живет остров. Они будут недовольны, осознав, что успехи их собственной страны или компании меньше. Они вмшаются. Эта капиталистическая экономика не продержится долго. Помсотрите на Гонг Конг - рай свободного рвнка, как только он начинал процветать, китайцы заметили это. Посмотрите на Люксембург . Он начал процветать, и бюрократы в Брюсселе увители это процветание.

Если бы это был большой остров, такой как Великобритания, даже американцы могли бы заметить, и затем он стал бы 52 штатом. Если бы это была маленькая страна, крошечный остров, британский военно-морской флот прибыл бы туда, чтобы завоевать его. Или, Аргентина или Испания сделали бы это, не охраняй его военно-морской флот Великобритании. Если бы она была еще меньше, например, как Восточный Берлин, она бы так беспокоила мировых лидеров, что президент США мог бы даже притвориться, что он немец и далее удерживать социалистические страны от вторжения.

Вы не свободны. Когда у Вас есть выбор, Вы свободны сделать хороший или плохой выбор. В индйской философии это объясняется теорией кармы.

Глава 10: Моя философия

Вмешательство

Западное общество построено вокруг концепции и практики вмешательства. В моей философии это одно из трех главных предположений, необходимых для объяснения поведения западного человека:

• Моя знакомая женщина плохо. воспитала своего сына, и он ушёл в преступную жизнь. Она нашла наркотики в его комнате и пригрозила ему: «Я отведу тебя в полицию или сдам в больницу». Он выбрал менее болезненный путь. К несчастью, он живет в Украине. Украина - социадистическое государство. Вы не можете пойти в кино без создания компьютерной записи. Никакой хороший работодатель не возьмет его на работу. Его преступную жизнь легла нестираемым пятном на его судьбу.
• Вмешательство в природу. Люди предпочитают круглые помидоры бесформенным.
• Вмешательство в другие общества. Результатом является голод, СПИД, массивное перемещение богатства, война, рабство и т.п.
• Вмешательство в естественное лечение Вашего собственного тела. Вы ломаете ногу и накладываете на нее гипс. У Вас простуда и Вы принимаете таблетки.
• Вмешательство в своё собственное общество. В результате происходит распад института брака, дети воспитываются сами, играя в компьютерные игры, массовые сексуальные, эмоциональные и психические заболевания, вместе с отсутствием любви.

Результирующее разрушение иммунных систем Вашего тела, Вашего общества, сообществ других людей, природы, - поистине огромно. В следующие несколько лет люди начнут осознавать это.

Это вмешательство, во всех его разновидностях, есть результат потери контакта с естественной жизнью, умственным, а не сердечным обучением. Ум видит проблему и думает, как он может решить ее и, затем, переходит к выполнению решения. Если бы Вы верили в Бога, Вы бы верили, что Его способности решать проблемы более совершенны, чем Ваши. Помидор, который Вам дается, - лучший, который может быть доступен в этих обстоятельствах. Отсутствие миссионеров в Африке было бы оптимальным, если не замечательным решением для предотвращения влияния миссионеров в прошлом.

Неудовлетворенность

Второе из моих трех основных предположений в моей философии - это что людьми движет неудовлетворённость Г-н Буш,-младший или старший, не доволен уменьшением своих шансов на переизбрание и поэтому решает вмешаться в Кувейт или Афганистан, или Ирак. Потребители, недовольные ужасной формой помидоров, изготовители, недовольные уровнем своих прибылей, решают создать помидоры лучшей формы. Персидские мужчины, недовольные своими женами дома, решают насиловать за границей: основу Персидской империи.

То же самое мы видим и с христианскими мужчинами и разрушением обществ и народов Северной Америки, Южной Америки, Африки, Австралии, Индии, а также и своих собственных.

Жадность не была той главной причиной, которая заставила христиан порабощать африканцев. Они были недовольны уровнем прибыльности своих деловых предприятий и нашли такое решение. Не замечательное решение, но оно сделало их менее неудовлетворенными, чем они были до того.

Бог

Третье предположение в моей философии - это то, что существует всемогущий, всезна.щий, справедливый, реальный Бог. Этими тремя предположениями можно объяснить все наблюдаемое человеческое поведение. Другими словами, у имеется наука. У нас есть предположения, мы можем использовать свои умы, чтобы делать выводы о том, что может случится (то есть, анализировать), на основании этого мы делаем выводы.

Все, что осталось, это посмотреть, соответствуют ли выводы имеющимуся у нас набору фактов. Я утверждаю, что они соответствуют. Далее, это полезная философия. Вы можете начать предсказывать, что люди будут делать в будущем . И затем проверить свои предсказания, выполняют ли их люди. Это классическое согласованное определение не просто науки, а полезной науки. Так что моя философия, с моей точки зрения, может классифицироваться как наука. Тем не менее, поскольку это не западная философия, в этой книге я больше её не комментирую.

Заключение

Иногда считают идею о том, что секс - это грех, христианской идеей. Это не так. Это была персидская идея. Но секс является основным инстинктом, позывом в любом живом существе. Без секса любви. не бывает. В конце последнего века мира, около 550 г. до н.э. Бог посеял в персидских женщин идею, что секс и занятия сексом есть что-то неправильное.

Когда это понятие укоренилось в сознании женщин, перестала возникать любовь между мужчинами и женщинами. В мужчинах появилась неудовлетворенность и поэтому зародилась Персидская империя. Она раскинулась по большой части мира, включая большую часть Индии. Когда Вы едете в другую страну в поисках секса, у местных жителей возникает недовольство. Им не нравится,что Вы берете лх жен.

Это приводит к конфликтам и ко всем ужасам, о которых Вы читали касательно Персидской империи. Начало Римской империи было положено неудовлетворение пасть смертью от рук персов. Начало христианства стала неудовлетворенность быть порабощёнными римлянами: лтсюда появился поиск спасителя (слово Христос было искажением персидского имени Кришна). Началом Британской империи стала неудовлетворенность христианством.

Отдельная цепь исторических событий относится к бывшему Советскому Союзу. Начало Российской империи было положено неудовлетворение бедностью, вызванной правящим классом. Начало развала Советской империи стало неудовлетворение находиться под управлением нового правящего социалистического класса.

Последней причиной начала грядущего разрушения всего мира служит неудовлетворенность сама посебе. Неудовлетворенность привела и продолжает вести к разрушению социальных структур, человеческих отношений, окружающей среды и нервной и иммунной систем организма.

Неудовлетворенность сама по себе не так уж плоха. Она может привести Вас к свершению добрых (прогресс к Богу) или не добрых дел.

Шям Мехта, Центр Любящего Сердца, www.lovingheartcentre.net

Западные философы пишут на относительно ограниченное количество тем, таких как «Существуете ли Вы?», «Есть ли Бог?» и «Есть ли такое понятие, как моральное поведение?».

Ответы на эти вопросы - или «да», или «нет». Чтобы узнать это Вам не нужна 500-страничная трудночитаемая книга.

Хвала СократУ, который осознавал это и сейчас доказано, что он не написал ни единой философской работы. Другой признанный великий западный философ - Платон. Целые работы Платона посвящены вопросу:

Являются ли предметы врожденно красивыми и несущими удовольствие?

Он этого не знал.

Шям занимается Йогой с 1957 года, а преподаёт её с 1973 года.

Мать его по национальности чешка, а отец – индиец, но сам Шиям вырос в Англии и там прожил почти всю свою жизнь, получив христианское воспитание.

В колледже он начал интересоваться философией Йоги и индуизмом.

Позже он принял индусскую веру, а затем, в 2001 году, снял вою индусскую священную нить, чтобы полностью посвятить свою жизнь помощи всем добрым людям, помогать им почувствовать себя счастливыми.

В жизни у него был богатый религиозный опыт, и каждое мгновение, свободное от сна, он поклоняется Богу.

www.ingramcontent.com/pod-product-compliance
Lightning Source LLC
Chambersburg PA
CBHW050353290526
45785CB00006B/2759